Mi Puerto Rico

Tierra extraña
Tierra de nadie

Víctor A. Meléndez-Torres

Ibukku es una editorial de autopublicación. El contenido de esta obra es responsabilidad del autor y no refleja necesariamente las opiniones de la casa editora.

Publicado por Ibukku.
www.ibukku.com
Diseño y maquetación: Índigo Estudio Gráfico
Copyright © 2016 Víctor A. Meléndez-Torres
All rights reserved.
ISBN paperback: 978-1-946035-02-8
ISBN ebook: 978-1-946035-03-5
Library of Congress Control Number: 2016953519

Mi Puerto Rico

Tierra extraña
Tierra de nadie

«La Gran Tierra del Valiente y Noble Señor»

Víctor A. Meléndez -Torres

Índice

Dedicatoria

A DIOS; por haberme otorgado el honor y la dicha de haber nacido y vivido en la hermosa isla de Puerto Rico.

A MI FAMILIA; por tanto amor, por darme valores y por estar siempre unidos. Pero muy en especial, a los nuevos miembros de la familia: Adriana Nicole, Elías Antonio y Evan David; los nietos que han traído una luz de esperanza a la nueva generación de la Familia Meléndez.

A MIS VERDADEROS AMIGOS; que siempre están presente en las buenas y en las malas.

A PUERTO RICO; te dedico estas letras de una manera muy especial, por tu belleza e inspiración, por la grandeza del pueblo y la tierra del «*ay bendito*».

El triste recuerdo
de un Boricua

No podría comenzar este diálogo sin antes contar esta anécdota: «*Gracias a ti, hijo de Puerto Rico. Un cagüeño, quien como tú hay muchos en el mundo, que se olvidan de sus raíces, de su gente y del barrio de dónde vienen.*»

En 1982, cuando me mudé al estado de Arizona en los EE.UU., yo era apenas un joven de 22 años con muchos sueños y metas por realizar.

Esta historia comienza aquí, apenas terminando mí grado de asociado en programación de computadoras y de haber trabajado por casi un año en Supermercados Pueblo en Puerto Rico. Ya relocalizado tien el estado en Arizona, recibo una carta del Departamento de Trabajo indicando que tenía beneficios de desempleo. Era una gran noticia, ya que mis ingresos no eran muchos para cubrir mis gastos. En realidad, el dinero de los beneficios que iba a recibir no era mucho, pero ya que no estaba generando ingreso, me ayudaría bastante.

Un día, salí bien temprano y me dirigí al Departamento de Empleo, mejor conocido en Puerto Rico como la Oficina del Desempleo para poder solicitar ayuda durante el tiempo que estudiaba inglés. Trabajaba de voluntario como entrenador de programación en el DES (Departamento de Seguridad Económica de Arizona, DES por sus siglas en inglés). Llegué a la Oficina de Desempleo, tomé un número y esperé.

Estuve esperando por más de 3 horas hasta que finalmente llamaron mi número. Me dirigí al escritorio de servicio, le expliqué la razón de mi visita y la persona que me atendió fue tan servicial cuando me entregó un paquete de formularios para llenar. Luego de aquel proceso de papeleos y diferentes formularios, finalmente terminé y regresé a la persona que originalmente me atendió. Por suerte, me dijo que, si esperaba unos minutos, me podía atender un técnico de la ciudad de Caguas, Puerto Rico, que habla español.

Mi corazón se llenó de tanta alegría al saber que había un *boricua* que me podía ayudar con los documentos, para así poder recibir la ayuda económica que tanta falta me hacía para ayudar a mí familia.

Después de esperar 30 minutos, llegó el técnico boricua. No hubo un *¡buenos días!* No hubo un *¿cómo estás?* Ni tampoco hubo nada como *¿en qué te puedo ayudar?* Lo único que le salió de la boca fue: (y se podía sentir el calor de odio y rebeldía a través de sus ojos) **«*Tú eres de esos vagos, como los vagos de Nueva York, que lo que quieren es vivir del cuento y vivir a cuenta de los beneficios del gobierno*»**. Recogió mis papeles y se marchó.

No me salió ni una palabra para contestarle, no sabía qué hacer. Esperé en aquella silla hasta que cerraron las Oficinas a las 4:30 pm y *mi hermano boricua* nunca llegó.

Me sentí humillado, decepcionado y emocionalmente destruido, pero no derrotado. Esas palabras de desprecio y humillación fueron suficientes para demostrarle que no era un vago, que solo necesitaba algo de ayuda para mantener a mí familia en ese entonces.

Luego, aprendí a través de la vida que, gracias a ese mal de fe, hay muchos puertorriqueños que se olvidan de sus raíces, de su gente y del lugar de donde salieron, y lo más triste es que se les olvida hablar español.

O sea que, si viviste en Arizona entre los años 1982 y 1983, eres de Caguas, Puerto Rico y trabajaste en el DES en Phoenix, Arizona, estoy en deuda contigo. ¡Te doy las gracias por nada!

A ti, te recordaré por siempre...

Introducción

Este libro titulado «**Mi Puerto Rico, Tierra Extraña, Tierra de Nadie**» es una inspiración basada en una inquietud que he tenido por muchos años y que quiero expresarlo en estos momentos de mí vida.

Quiero presentar este libro con palabras sencillas, pero en un tono de voz alto; porque es tiempo y momento en que nos demos cuenta del ritmo descontrolado y salvaje en el cual hemos dirigido a nuestra hermosa la isla de Puerto Rico.

No podemos seguir cerrando nuestros ojos para evitar ver el desastre de los ambientes sociales, industriales, económicos, culturales y políticos en nuestra isla. Es responsabilidad de cada uno de nosotros, los hijos de Puerto Rico, salvar a nuestra isla de crisis y de la situación grave que se encuentra actualmente.

Seamos líderes y no parásitos del gobierno. Vamos a dirigir a nuestra isla por un camino de prosperidad para las futuras generaciones de puertorriqueños.

Que quede claro que mis palabras no son una expresión de sentimientos y preferencias políticas en apoyo a gobiernos corruptos y mentirosos, que actúan de forma irresponsable hacia un pueblo noble, luchador y con *HAMBRE DE PROSPERIDAD.*

Hay que decirle a esos políticos *¡Basta ya! ¡No más falacias y mentiras!* Que se pongan a trabajar y dejen de robarnos el dinero y, sobre todo, de robar la dignidad de pueblo.

¿Sabe algo?, todos somos parte de este problema si seguimos votando por esos políticos mediocres y charlatanes que venden las mismas promesas cada cuatro años.

Tengo en mi alma el triste sentir de muchos puertorriqueños que amamos a nuestra patria Boricua y quienes vemos hacia donde se dirige nuestra la isla.

Soy una de las personas que han dejado a sus familias, amistades y el lugar que nos vio nacer por buscar nuevos horizontes.

Creo que es tiempo de hacer un alto y gritar *¡CARAJO! ¿Qué está pasando en nuestra isla?*

Tierra extraña

Ya no te conozco, mi isla bella. Tu comportamiento loco va acompañado de una energía negativa que va en contra de nuestra cultura, de nuestros valores y de nuestro respeto hacia nuestros hermanos.

Tierra de Nadie

¿A quién le perteneces, mi isla bella?
¿A caso a los gringos? ¿a los españoles?
¿o a los nacidos en ti? ¿O a los agregados económicos e inversionistas?

*¿O acaso ahora le perteneces a la
Junta de Control Fiscal Federal?*

*¿Por qué hace más de 500 años dejaste de
ser comunidad Taína para convertirte en
colonia de los grandes intereses españoles?*

La definición de un pueblo es la base y el
fundamento más importante para trazar
y fomentar a las futuras generaciones de
una sociedad. Por cientos de años, Puerto
Rico ha sido parte de las posesiones
coloniales españolas. Luego, como
opresión de un baluarte comercial y
logístico, pasó a los Estados Unidos.
Lamentablemente, la influencia y las
divisiones políticas en Puerto Rico han
sido un cáncer eterno para nuestra isla.

Al fin no le perteneces a nadie...

Los cambios que han evolucionado en ti,
mi Puerto Rico, y los periodos de opresión
y cambios, atrasan tu evolución positiva.

Pero, no me sorprende que algún día pases a ser parte de tu hermana nación del Norte, o renazcas como una nueva nación soberana y eventualmente te vendan y te traicionen como lo hicieron con nuestra hermana Cuba.

Capítulo 1
¿Quiénes somos los Hijos de Borinquén?

Es la búsqueda profunda de una raza que quiero definir y buscar los aspectos de los hijos de Puerto Rico, mejor conocido como Borinquén. Vuelvo y me pregunto; ¿Quiénes somos?

Los puertorriqueños somos una raza con tres culturas y herencias raciales: Taína, Española y Africana, que nacieron hace más de 500 años en una isla llamada por los Tainos

Borikén, que significa, «La Gran Tierra del Valiente y Noble Señor».

Los puertorriqueños también poseemos culturas y herencias raciales de países tales como Italia, Francia, Holanda, Alemania, países de la región mediterránea entre otros.

Los puertorriqueños provienen de un Terruño Borincano, donde no existe racismo, aunque haya existido la esclavitud desde el 1513, donde el blanco, el negro y el mestizo, todos tienen el mismo valor y respeto.

Lugar donde todos amamos el cristianismo, sea cual sea la denominación. Lugar donde siempre tenemos nuestra patria en nuestros corazones y lugar donde adoramos al coquí, a los gallos de pelea y a los caballos de Paso Fino.

Cuando los puertorriqueños viven en Puerto Rico, nos matamos los unos a otros emocionalmente y no respetamos leyes. Pero cuando salimos de Puerto Rico, nos amamos, compartimos como hermanos y respetamos todas las leyes.

Los puertorriqueños se emocionan cuando ven la bandera de Puerto Rico en el espejo retrovisor de un auto, bajan de inmediato la ventana y gritan ¡Wepaaaa Boricuaaaa! ¿De dónde eres?

Los puertorriqueños se las saben todas en temas de deporte, condiciones del tiempo, y política. Gran parte de los Boricuas muestran un fanatismo por la política y por las costumbres tradicionales tales como la festividad de Reyes, nuestro lechón a la barita y nuestra bebida típica: el coquito y el pitorro.

Los puertorriqueños somos fiesteros; celebramos fiestas todo el año y todo lo celebramos con un caldero de arroz con gandules o arroz con pollo. Donde incluimos cervezas y ron en la lista de primeras necesidades durante la temporada de huracanes.

Entre otros asuntos de importancia, los puertorriqueños no hemos sido políticamente inteligentes ya que mostramos altos niveles de fanatismo político, que nos ha llevado a tener vendas en nuestros ojos para no ver la realidad y ni la importancia de elegir el futuro de nuestra bella isla.

Los puertorriqueños no somos *seres perfectos*, pero somos parte de Hispanoamérica que es casi lo mismo. Hemos sido inspiración para escritores, que nos describen de la siguiente forma:

¡Ah, los puertorriqueños! Ellos están entre ustedes, pero no son de ustedes. Los puertorriqueños beben en la misma copa la alegría y la amargura. Hacen música de su llanto y se ríen de la música.

Los puertorriqueños toman en serio los chistes y hacen chistes de lo serio. No creen en nadie y creen en todo. ¡Jamás se les ocurra discutir con ellos!

Los puertorriqueños nacen con sabiduría. No necesitan leer, ¡todo lo saben! No necesitan viajar, ¡todo lo han visto! Los puertorriqueños son algo así como el pueblo escogido por ellos mismos.

Los puertorriqueños se caracterizan individualmente por su simpatía e inteligencia y, en grupos, por su gritería y apasionamiento. Cada uno de ellos lleva en sí la chispa de genios, y los genios no se llevan bien entre sí. Por lo tanto, reunir a los puertorriqueños es fácil, pero unirlos es casi imposible.

No se les hable de lógica, pues eso implica razonamiento y mesura, y los puertorriqueños son hiperbólicos y exagerados. Por ejemplo, si te invitan a un restaurante a comer, no te invitaron al mejor restaurante del pueblo, sino al mejor restaurante del mundo.

Cuando discuten, no dicen: No estoy de acuerdo contigo sino ¡Estas completamente equivocado! Tienen tendencias antropofági-

cas. *¡Se la comió!* es una expresión de admiración y comerse un cable es señal de una situación crítica. Llamarle a alguien come mierda es un insulto lacerante.

El puertorriqueño ama tanto la contradicción que llama monstruos a las mujeres hermosas y bárbaros a los eruditos. Si te aqueja alguna situación de salud, te advierten: ¡Mano, debiste hablar conmigo para llevarte donde un pana mío médico que es un caballo!

Los puertorriqueños ofrecen soluciones antes de saber el problema. Para ellos nunca hay problema. Saben lo que hay que hacer para erradicar el terrorismo, encausar a América Latina, eliminar el hambre en África, pagar la deuda externa, quién debe ser presidente y cómo Estados Unidos puede llegar a ser una potencia mundial.

No entienden por qué los demás no les entienden cuando sus ideas son tan sencillas y no acaban de entender por qué la gente no quiere aprender a hablar español como

ellos. ¡Ah, los puertorriqueños! No podemos vivir mucho con ellos, pero ¡es imposible vivir sin ellos!

Que emoción es ser Boricua y haber tenido el privilegio de nacer en una isla tan bella, protegida por el Mar Caribe y el Océano Atlántico.

¡Mi Puerto Rico! Si, estoy hablando de ti y de tus hijos, pero cuando hablo de tus hijos, me refiero…

- a los nacidos en la isla de Puerto Rico

- a los hijos adoptivos que han hecho de Puerto Rico su patria

- a los Boricuas

- al Jíbaro

- a la gente pobre

- los panas del barrio

- a los deambulantes

- a los adictos a las drogas

- a los que limpian los parabrisas en los semáforos

- al servidor público; en especial a los policías y a los maestros.

- a ti que esperas todos los meses el cheque de ayuda federal y cupones y tienes todas las capacidades para trabajar

- a los políticos: corruptos y no corruptos (aunque al final del día, todos los políticos son corruptos)

- a las prostitutas que trabajan para mantener sus hijos

- a los sacerdotes de afiliación de izquierda que promocionan el comunismo durante el sermón en la misa

- a las personas bochincheras que se la pasan llevando y trayendo rumores todo el día

- a los dueños de negocios que les lavan el dinero a los narcos

- los gatilleros que matan a gente inocente sin compasión

- a los criminales que están en las cárceles y que tienen más derechos y privilegios que cualquier otro ciudadano

- a los 8.5 millones de puertorriqueños que estamos en algún lugar de mundo

- a los millones de puertorriqueños que viven en los Estados Unidos de América y que han dejado sus raíces en busca de un sueño

- a los más de 500 mil Puertorriqueños que han dejado la isla recientemente por la situación extrema actual

Me refiero a todos.

Me refiero a ti, a los tres millones de hermanos puertorriqueños que viven actualmente en la isla más bella del mundo y que se levantan todos los días a luchar y a trabajar fuerte para un Puerto Rico mejor. Tu dedicación y esfuerzo hacen la diferencia en nuestra sociedad todos los días de nuestras vidas. Ustedes han sido el motor para que nuestra isla siga en pie de lucha.

La mezcla de las herencias raciales taína, española y africana en Puerto Rico se inicia en el año 1514 cuando la Corona Española autoriza a los españoles a casarse con las indias nativas del querido *Borinkén*,

Pero el destino de la gran tierra del valiente y noble señor no duró mucho con la llegada de los españoles, ya que ellos cambiaron **TODO**. Incluso el nombre de la isla paso a ser llamada San Juan Bautista y la capital tuvo el nombre de Ciudad Puerto Rico. Con los años, Ciudad Puerto Rico pasó a ser San Juan y San Juan Bautista pasó a ser Puerto Rico.

¿Qué tremendo tira-y-jala es esto? O sea, que la isla de Puerto Rico ha estado sometida a cambios desde su origen.

Pero esto no se quedó así. Con la ocupación estadounidense en el 1898, los gringos plantaron bandera, impusieron un nuevo gobierno y le cambian el nombre a Porto Rico. Para luego ser oficializado como Puerto Rico.

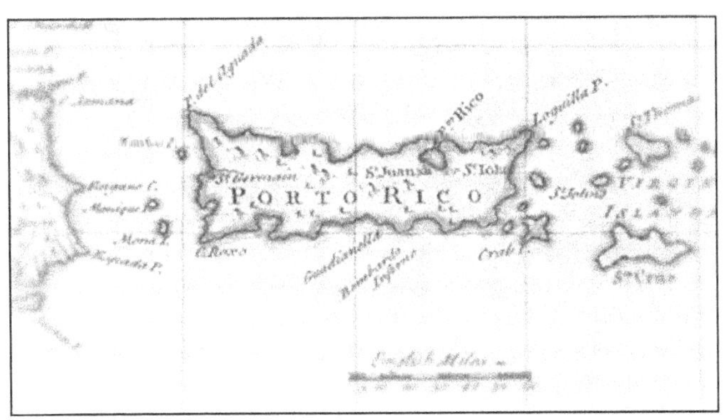

Pobre de mi Puerto Rico, que ha estado sometida a tantos cambios, presiones y sufrimientos. Pero nadie le ha dado la fortaleza y el amor que se merece. Hemos sido malos hijos con nuestra Madre Patria, que siempre nos ofrece amor y belleza natural a través de nuestras playas, ríos y montañas. Sin embargo, dejamos las playas sucias, basura en nuestras montañas y los ríos contaminados.

Puerto Rico es como una madre cuando sus hijos salen en la noche, no duerme hasta que ellos regresan. Siempre guarda comida para cuando regresan y el poquito de dinero que pudo ahorrar se los da para que compre sus cositas.

Mi Puerto Rico, tu generosidad te hace única en el mundo…

Mi Puerto Rico, tierra extraña, tierra de nadie. Que le has regalado al mundo más de 8.5 millones de puertorriqueños, entre los cuales hay:

- famosos y no famosos,
- ilustres y no tan ilustres,

- inteligentes y no tan inteligentes,
- mujeres bellas y no tan bellas,
- blancos, trigueños, negros y uno que otro rubio,
- grandes músicos y compositores.

Así somos nosotros los Puertorriqueños,
así somos nosotros los Boricuas,
porque así somos nosotros los hijos de Puerto Rico

No existe raza alguna en este mundo que ame tanto a su tierra y a su bandera.

Como decía Gabriel García Márquez: *"No hay nadie que no conozca a un puertorriqueño o por lo menos, conoce a alguien que conoce a un puertorriqueño".*

Capítulo 2
Nuestra gente, nuestra cultura

La gente de mí Puerto Rico son personas nobles, humildes y trabajadoras, que siempre reciben al extranjero con amistad y calor de pueblo. El puertorriqueño lleva en su sangre la vida de una herencia taína, y con mucho orgullo los puertorriqueños han mantenido ese legado.

Está científicamente comprobado por estudios de ADN que más de un 60% de los puertorriqueños llevan genes amerindios en su sangre por herencia materna. Esto explica la conducta del Puertorriqueño ante las influencias culturales que son tan fuertes en la isla, y que con el paso de los años, heredamos un sin número de costumbres y tradiciones de estos antepasados.

Aportaciones heredadas de los tainos, tales como nombres de pueblos, objetos, alimentos, y utensilios domésticos, la hamaca, entre otros. La mujer puertorriqueña heredo la fortaleza, la dedicación a la familia y la superación. Cuantos nos acordamos de nuestras abuelitas trabajando la tierra, cocinando para la familia entera y siempre dando tanto amor.

De parte de los españoles y canarios, se adquirieron la religión católica y el idioma. De los africanos nos legaron los ritmos de la bomba y la plena, los géneros musicales típicos de la isla. Los instrumentos de percusión como tambores y maracas también tienen su origen en la cultura africana.

No se puede dejar de mencionar los aspectos culturales de los guanches, que eran los antiguos habitantes aborígenes de las Islas Canarias, que vivían en esas islas antes de la conquista por parte de la Corona de Castilla.

Pero esto no se queda aquí. **Desde 1898, la isla de Puerto Rico forma parte del territorio de los Estados Unidos, y desde entonces la cultura americana también ha penetrado la isla.** Así, el tradicional español se fusionó con el inglés, generando una variedad conocida como el *Spanglish*.

La influencia estadounidense también ha traído consigo la celebración de las festividades de los Estados Unidos, la existencia de grandes centros comerciales y la introducción de negocios de comida rápida.

La **cultura puertorriqueña se deja sentir durante todo el año**, pero mayormente en la **época navideña**, cuando se escuchan las tradicionales **parrandas**; una especie de villancicos con temas seculares que se cantan de madrugada en casas de familiares y amigos para despertarlos de sorpresa.

Los puertorriqueños celebran las **navidades más largas del mundo.** Las fiestas empiezan desde noviembre, con el día de

Acción de Gracias y se extienden hasta finales de enero, con la celebración de Las Octavitas y las fiestas de la Calle San Sebastián en el Viejo San Juan.

La Navidad puertorriqueña también se caracteriza por los **atuendos de los jíbaros,** típicos de la época. Los jibaros son los personajes tradicionales de Puerto Rico que representan a la clase obrera de la antigüedad. Los hombres llevaban camisa, pantalones, pañuelo al cuello, machete y pava. Las mujeres vestían blusas, falda larga y una flor de amapola en el cabello.

La **Noche de San Juan**, que se celebra el **23 de junio**, es otra de las grandes festividades de la Isla. Esa noche, los puertorriqueños acuden a las **playas a la media noche para** tirarse al agua de espaldas varias veces, en un ritual que sirve para despojarse de la mala suerte. La ceremonia se acompaña con música, bailes, comidas y bebidas.

¡Quién lo diría!, mi Puerto Rico, una isla tan pequeña, pero con tantos valores culturales, costumbres y legados que hemos heredado en el transcurso de los años de nuestra evolución nacional y que es envidiable por muchas naciones del mundo.

No importa donde vivas, cómo hables y cómo te comportes. Siempre serás Boricuas de pura sepa y tu mancha de plátano permanecerá en ti por siempre.

Nuestros jíbaros, campesinos que habitaban en las montañas puertorriqueñas. Fueron las raíces del pueblo de Puerto Rico, del presente que simboliza la fuerza de los valores tradicionales de vivir con sencillez y el cuidado adecuado de la patria y la familia. Es sinónimo de trabajo duro, vida simple, independiente y mucha sabiduría, sin haber atendido una escuela.

***¡Que viva por siempre la
Cultura Puertorriqueña!***

Capítulo 3
Mi Puerto Rico del Pasado, Presente, Futuro

Por unos minutos recordaba como era Puerto Rico durante mí niñez. Un lugar donde viví por 10 años y del cual tengo bellos recuerdos, es el Barrio Mogote de Cayey. Muchos lindos e imborrables momentos de mí vida quedaron grabados en mi mente y en mí corazón.

Recuerdo cuando pasaban los camiones repletos de caña de azúcar recién cortada en los meses de la zafra. Mi padre nos llevaba a las orillas de los cañaverales a cortar y a comer de la rica y dulce caña. Pasábamos horas caminando y comiendo caña de azúcar. También recuerdo a las montañas vestidas de plantas de tabaco ya que al lado de la casa estaba el rancho. En esas plantas se amarraban, colgaban y procesaban las hojas.

También recuerdo que las casas del barrio tenían muchos árboles de frutas como guayabas, tamarindo, granadas, quenepas, mangos, palmas de coco, café, panas, mamey, jaguas, jobos y jobillos, entre otros. En otras tenían huertos de lechugas, habichuelas, gandules, yuca y batatas, entre otros. Todo bien cuidado y mantenido.

En ninguna casa faltaban las gallinas, corrales de cerdos, o una vaca. ¡qué recuerdos! Me siento honrado por haber vivido y haber conocido al principal autor de esa época: a nuestro humilde jíbaro puertorriqueño.

Ahora entiendo que todo eso que vi durante mi niñez, no era un lujo tener todas esas cosas, sino una necesidad de vida. La necesidad de producir sus propios alimentos y de intercambiar los que no tenían, con otros vecinos o en las plazas del mercado de los pueblos. Tradición o concepto de mercadeo conocido como *trueque,* que heredamos de nuestros indios taínos y en conjunto una sociedad agraria que durante mi niñez estaba siendo reemplazada por la industrialización.

Otro aspecto de mi niñez era el respeto hacia los padres y hacia las personas mayores. Era parte de la conducta diaria de aquellos días del pasado y que creo, no volverán.

Recuerdo un día que por alguna razón dije algo impropio y corrí para que mi madre no me reprendiera con la varita de guayabo que tenía siempre cerca. Pero no fue así. Ella no corrió detrás de mí, sino que esperó a que yo me olvidara del suceso. Cuando regresé, ella tenía un ají picante preparadito para estrujarlo en mí boca. Como si nada hubiera pasado, llegué a casa cansado y sudado luego de estar jugando y corriendo detrás de gallinas, o del perro, o montando mí caballito de palo, me senté en el sofá de la sala y en el momento menos esperado, vino mí madrecita con un ají picante y me lo estrujó en la boca sin perdón alguno. Estuve dos días con la boca que me ardía y picaba. Gracias a la disciplina y valores que me brindó el pasado, han sido esenciales para vivir el presente.

Durante Semana Santa, gran cantidad de feligreses van a la Iglesia Católica del pueblo a confesarse, honrar y rezarle a Dios. Como parte de la preparación espiritual al Viernes Santo, venían residentes de todos los barrios de Cayey a presenciar la procesión en vivo con todos los personajes de la época.

¡Qué lindo es recordar! En especial cuando la infancia, el barrio o la barrida te ofreció todos los elementos necesarios para tener una niñez feliz. Sigo recordando todo esto como si hubiera ocurrido ayer. Vivíamos en una humilde casa de dos cuartos, pero sin baños.

Habían una humilde ducha y letrina adyacente a la casa, donde teníamos que andar hasta llegar a ellas. Los pies se veían desde la calle cuando te estabas bañando. Pero al final del día, éramos felices.

A eso de las 5:00 de la mañana, mí abuelo Don Pedro Meléndez Alvarado ya estaba moviendo la vaca a un pequeño ranchito que tenía al lado de su casa. El ruido y su alto tono de voz siempre me despertaba.

Recuerdo que las ventanas de la casa eran de madera, tenían una tranca que las aseguraba durante las noches. Pienso que yo tenía unos 3 o 4 años, con la fuerza suficiente para subir aquella tranca de madera y poder ver lo que mí abuelo hacía. En ocasiones, cuando escuchaba los ruidos de mí abuelo, buscaba mí botella de leche vacía y sin decirle nada a nadie abría la puerta, me dirigía a donde estaba mí abuelo para darle mí botella y él me la llenaba de leche fresca acabada de sacar de la vaca.

Ahí me sentaba sobre un bloque de cemento a tomarme la leche y mirar a mí viejito querido. El viejito que nos regaló durante la niñez tanto amor y cariño. No cabe la menor duda que mi niñez fue similar a la de muchos hijos del Puerto Rico del pasado.

Recordar… es revivir eventos fundamentales de nuestras vidas…

Qué grandes momentos se vivían en la isla de Puerto Rico durante los años 1960 y 1970. Como yo, existen miles de puertorriqueños que seguimos recordando los bellos tiempos pasados en nuestra niñez.

Fue en algún momento entre los años 1967 al 1968, cuando la guerra de Vietnam estaba en todo su apogeo. Como niño de 6 ó 7 años de edad, ese tema de guerra no era de gran importancia. Pero sí recuerdo haber visto a muchos hijos de Puerto Rico despedirse de sus familiares y amigos para ir al campo de guerra.

Ahora entiendo que fue una guerra que le perteneció a otro…

En algún momento al comienzo de los años 70, y luego de la muerte de mí abuelo Don Pedro Meléndez, nos mudamos a la Barrida San Cristóbal. Quedaba muy cerca del centro urbano del pueblo de Cayey, al lado del antiguo parque Pedro Montañez y del Cementerio Municipal. Ya habíamos dejado el bello y hermoso campo del barrio Mogote.

Nuevos amigos, un parque de pelota donde podía ir a jugar todos los días, la pequeña repostería de Don Marcelo Sánchez y su esposa Doña Mara (excelente costurera), donde por primera vez comí las mejores almejas, caballitos, y los famosos mata hambre.

Pero algo me llamó la atención de una forma impresionante. Desde el balcón de la segunda planta de la casa se podía ver casi todo el cementerio municipal y yo veía que casi todos los días había un entierro con disparos y un sonido de trompeta muy triste.

A través del tiempo aprendí que los disparos y el sonido triste de la trompeta eran los honores de despedida a los hijos de Puerto Rico que habían sido asesinados durante la guerra de Vietnam. Tal vez aquellos mismos muchachos, hijos de Puerto Rico que venían del Barrio Mogote, aquellos que los familiares y amigos los habían despedido antes de irse a campo de guerra. Ahora habían regresado a la tierra que los vio nacer, mi Puerto Rico.

Es un hecho que fueron muchos los hijos de mi Puerto Rico que se fueron y nunca regresaron con vida. Otros regresaron físicamente, pero sus mentes se quedaron en el campo de guerra. Otros, ni te cuento… ¡qué triste! todo por una guerra que le pertenecía a otro.

Pero no sólo a Vietnam fueron enviados los hijos de Puerto Rico. El Ejército de los Estados Unidos de América, organizó el primer batallón de tropas puertorriqueñas en 1899. Se reorganizaron como el Regimiento Provisional de Infantería de Puerto Rico en 1901, y se destacaron al ejército regular de los Estados Unidos en 1908.

En ese entonces, los soldados del Regimiento de Puerto Rico se consideraban _tropas coloniales_, responsables solamente por la defensa de su propia isla. Pero no fue hasta el 1917 con la declaración del Acta Jones que se implementa el Servicio Selectivo, obligando así a los puertorriqueños ahora como ciudadanos estadounidenses, a servir durante la Primera Guerra Mundial y en otras contingencias, asignando tropas puertorriqueñas a la defensa del Canal de Panamá.

Los puertorriqueños en la Segunda Guerra Mundial, como miembros de las fuerzas armadas de los Estados Unidos, estaban incluidos en la guardia de las instalaciones militares estadounidenses en el Caribe, y tenían participación activa en escenarios de guerra en Europa y en el Pacífico.

Durante la Segunda Guerra Mundial, más de 53,000 puertorriqueños sirvieron en la milicia estadounidense. Los soldados de la isla sirvieron en el Regimiento 65 de

Infantería o en la Guardia Nacional Puertorriqueña. Aquellos que residían en Estados Unidos continental, fueron destinados a unidades regulares de la milicia. Usualmente eran objeto del racismo radical, el cual estaba altamente difundido en los Estados Unidos en la época.

Las puertorriqueñas en el servicio militar, sus ocupaciones estaban limitadas a la enfermería y a puestos administrativos. En la Segunda Guerra Mundial, algunos de los varones tomaron papeles activos como comandantes en el ejército. El Regimiento 65 de Infantería, mejor conocido como *Los Borinqueneers* desembarcaron en Pusan, Corea del Sur, el 23 de septiembre de 1950. Durante los siguientes tres años, los soldados puertorriqueños se distinguieron en innumerables batallas.

Brindo mis respetos y honro a todos los soldados y veteranos Boricuas. Mis hermanos, presento estos datos ya que me da tristeza cuando escucho personas decir que los

Puertorriqueños no aportan a la economía de la nación estadounidense. Sin embargo, está la sangre de miles de Boricuas muertos en los campos de batalla y los miles de solda-dos Boricuas que han servido y los cientos que están sirviendo, y en muchos casos, so-metidos a discriminación racial por no tener un color de piel apropiado, o no hablar el idioma inglés tan sofisticado.

Nuestra Patria Boricua provee más soldados que muchos de los estados de la unión permanente.

Los soldados Boricuas han servido de inspiración para muchos compositores y escritores. Así fue el caso de los soldados sirviendo en la Segunda Guerra Mundial du-rante 1943 y por un pedido de su hermano menor, el Compositor Noel Estrada escribió la canción, *En mi Viejo San Juan*, canción que se convirtió en un himno nacional para muchos, en especial cuando estamos lejos de nuestra isla. Y sobre todo sirvió para aliento emocional de aquellos soldados Boricuas lejos de su madre patria.

¿A quien no se le parte el corazón en pedazos cuando escucha la canción *En Mi Viejo San Juan*? ***¡Gracias Noel por tan linda canción!***

Regresando a la Barriada San Cristóbal, me encuentro caminando con mí Papá por un sector conocido como "El Rabo del Buey". De pronto, vi a mucha gente que vivía en condiciones de extrema necesidad y pobreza. Mis ojos nunca habían visto algo así. Este era un arrabal conocido como "La Manchuria".

No sé por cuántas noches estuve pensando en toda esa gente y cómo vivían en ese lugar tan pobre. Era como vivir en cajas de madera o de cartón una encima de la otra. Me sentía triste por ellos, porque nunca pensé que había gente viviendo así en mi Puerto Rico. Por primera vez vi otro lado de las clases sociales conocida como pobreza extrema.

A través de los años, aprendí que en mi Puerto Rico había muchas personas viviendo en arrabales y estos han existido siempre. Los arrabales han formado parte del desarrollo de los núcleos de población de la gente humilde que dejaron los campos para venir a las ciudades a trabajar en fábricas.

Fue una transición drástica para el Jíbaro Boricua de esa época; dejar el hermoso campo, donde producía su propio alimento, para mudarse a la ciudad, vivir en un arrabal y depender de las ayudas del gobierno.

Esta necesidad de moverse de un lugar a otro siempre ha existido, aún en los tiempos de la colonia española. Sin embargo, surge un mayor auge en los años del 1940 y 1950, cuando comienzan a llegar fábricas a Puerto Rico. Otros se mudan a grandes ciudades en los Estados Unidos, en particular a la ciudad de Nueva York.

La pobreza extrema en mi Puerto Rico no surge en los años 1940 o 1950. Alrededor del año 1890 un 80% de la población de la colonia de Puerto Rico vivía en pobreza extrema bajo el control de la corona española.

La economía de la época en la colonia de Puerto Rico se sentaba en tres industrias principales, que eran la producción de caña de azúcar, café y el tabaco, donde los hijos de Puerto Rico sólo se ganaban no más de 50 centavos al día.

No sólo se vivía en pobreza extrema, sino que también había segregación entre clases sociales; los españoles blancos de las regiones Central y Norte de España consideraban a los Hijos de Puerto Rico, o mejor conocido como los isleños, ciudadanos de tercera clase o clase baja.

El nombre *isleños* proviene de los descendientes de inmigrantes de las islas Canarias, que invadieron el nuevo mundo y que eran descendientes de inmigrantes marroquís, y de las regiones del norte y noroeste de África.

No cabe la menor duda que gran parte de los inmigrantes que llegaron a mi Puerto Rico desde España, venían de las Islas Canarias y de las regiones sureñas. Ellos eran descendientes de los conquistadores moros durante la invasión musulmana en la Hispania o Península Ibérica.

Para buen entendedor, pocas palabras. Era ***otra raza, otra herencia cultural.***

Escuela pública en un sector rural de la isla.

Mi Puerto Rico tiene una historia y un pasado que, como el horizonte, no tiene fin. Como yo diría: "Quienes sean los autores y los personajes, así será el acto". Los cambios y los periodos de opresión han sido la espina dorsal de mi Puerto Rico del presente.

Mi Puerto Rico del Presente

El proceso de cambio ha ocurrido para Puerto Rico y sus comunidades a través de la transición de una industria liviana a una industria pesada, y el ritmo acelerado y descontrolado que han tomado los grandes intereses. No cabe la menor duda que a los hijos de Puerto Rico le hubiera gustado detener el tiempo y seguir disfrutando de aquel Puerto Rico sencillo, humilde y enriquecido en valores.

El Puerto Rico del **PRESENTE** no se puede comparar con aquel de aquellos tiempos. Es una realidad de vida y que debemos darnos cuenta hacia donde hemos dirigido a nuestra hermosa isla de Puerto Rico. No podemos seguir cerrando nuestros ojos para no ver el desastre en los ambientes sociales, industriales, económicos, culturales y políticos, entre otros, por los últimos 30 años.

"Y que quede claro, que este desastre no comenzó ayer..."

No conocemos nuestra bella isla, tu comportamiento loco, acompañado de una energía negativa que nos lleva en contra de nuestra cultura, valores y respeto a nuestros hermanos. Nos hemos convertido en una sociedad que dependemos totalmente de los sistemas indeficientes y corruptos del gobierno y de una plataforma de vida que no ofrece oportunidades iguales de prosperidad.

Pero estoy 100% seguro de que nunca ha faltado comida en las mesas de esos gobernantes que tú elegiste. Estoy más que seguro que sus sueldos son mucho más altos que los tuyos, y que ellos piensan en ti sólo cuando necesitan tu voto para ¡volver por cuatro años más! Estoy más que seguro que tú vuelves y votas por ellos por que los políticos están 100% seguros de que tú no te respetas a ti mismo y están 100% seguros de que tú dependes del sistema corrupto del gobierno de Puerto Rico.

La corrupción y la falta de liderazgo positivo del gobierno de Puerto Rico ha sido como el cáncer que se ha regado por todo rincón de nuestra bella isla y que ha intoxicado las almas de nuestro pueblo humilde y luchador. Esta enfermedad política ha traído divisiones partidistas en nuestras comunidades, y ha sido capaz de matar y hacer daños físicos entre hermanos Boricuas. Estos dos partidos políticos de mayoría que, a través de los años, han robado libertad del progreso de un Puerto Rico mejor. Y que el pueblo de Puerto Rico ha depositado la confianza, la esperanza y la fe en los ya mencionados.

Visualizo a mi Puerto Rico convertirse en la nueva Cuba del siglo XXI, asimilando un sistema de gobierno socialista como Venezuela y una democracia como el pueblo Colombiano, donde gobierna y dirige las mentes egoístas y satánicas del mundo de la guerrilla, donde prometen igualdad social para el pobre pero de pobres no tienen nada. El Partido Popular Democrático o PPD, *soberano* de Puerto Rico, nos ha separado cada día de nuestras vidas de la nación Norteamericana, sacando así toda influencia que exista en la Isla.

Por más de medio siglo, ellos han vendido el sueño de que su partido le ofrece lo mejor de dos mundos; o sea el Estado Libre Asociado, que para muchos lo han definido como una Colonia, pero para mí la mejor definición es La República Asociada de Puerto Rico, y que el PPD nunca se lo definió al pueblo, por temor.

Una gran mentira seguida de otra mentira, así ha sido el PPD Soberano.

En el año 2005, se activó la Comisión Presidencial para estudiar y resolver el problema del estatus político de Puerto Rico, pero fue tan limitado el interés del Partido Popular de Puerto Rico que nunca se inició el proceso y terminaron criminalizando la oportunidad de elegir entre Estadidad o Independencia. Otra mentira más del PPD Soberano hacia el pueblo de Puerto Rico.

El Estado Libre Asociado de Puerto Rico y el Plan Chardón fue, en sus comienzos, una buena base de transición para el desarrollo de nuestra isla en varias industrias, pero no como una plataforma permanente y como modelo para el futuro. La misma no brinda los mecanismos suficientes para mover a Puerto Rico a otro nivel en estos tiempos presente.

Me pregunto, ¿dónde está el liderazgo del PPD hoy? Ahora que la situación de mi Puerto Rico ha llegado a un punto extremo, el Congreso de los Estados Unidos está tomando control de nuestra isla y los confrontó en Washington DC, ahora dicen que el ELA no sirve como plataforma.

Me pregunto por qué el Partido Popular Democrático ha esperado tanto tiempo para decirle la verdad al pueblo de Puerto Rico: que somos una mera colonia vestida de republica asociada. La respuesta es fácil; porque son unos parásitos mantenidos de un gobierno corrupto, que han engañado al pueblo para que lo mantengan en posiciones de poder y beneficio personal.

Pero esta mentira no se queda aquí. ¿Dónde ha estado el liderazgo del Partido Nuevo Progresista y del Partido Independentista Puertorriqueño, entre otros nuevos partidos que nacen y mueren? Es un hecho, no le dicen la verdad al pueblo porque son todos parásitos de la Plataforma del Gobierno Corrupto de mi Puerto Rico.

De hecho, ¿dónde estuvieron nuestros líderes políticos por más de cincuenta años, que le permitieron utilizar el municipio de Vieques, una isla tan bella, como campo de tiro naval? Ahora cuando surgió el incidente que lamentablemente se perdió la vida de un buen puertorriqueño, ahí salieron todos los políticos a sacar pello, a hacer promesas y dormir en las playas como lo hicieron los líderes mediocres del PIP.

***¡Hay mí hermano Boricua! Tú que
votaste por ellos, y no te quieres
quitar la venda de tus ojos.***

Dejando a un lado a mis hermanos del Partido Popular Democrático, que quieren ser nación soberana, pero les encantan los dólares estadounidenses, la ciudadanía estadounidense, pero son anti-estadounidenses.

Ahora, quiero recordar los tiempos bajo el liderazgo y la administración del Partido Nuevo Progresista o PNP. Mis hermanos estadistas quieren convertir a mi Puerto Rico en el Estado # 51 de la nación norteamericana.

Han sido muchos los esfuerzos y el dinero mal usado para esta causa, dinero que ha terminado en contratos para beneficiar a los amigos de los estadistas. Luego vienen con la gran mentira de la famosa *Estadidad Jíbara*

¿Se acuerdan de esa?

Sí, la Estadidad Jíbara, una locura que no existe. Porque solo hay una Estadidad en la Nación Norteamericana, con procesos, requerimientos y aprobaciones del Congreso de los Estados Unidos, pero sobre todo respetando la voluntad del pueblo de Puerto Rico de convertirse en estado. Lo triste de todo esto fue que nadie en el PNP puede definir lo que era la Estadidad Jíbara. Y más triste aún, ni los Estadistas de Puerto Rico sabían qué _carajo_ era lo que ellos estaban ofreciendo. Pero como siempre pasa, vamos a empujarle esto al pueblo humilde y necesitado de Puerto Rico, porque esta gente coge lo que sea.

Bueno, vamos a dejar los PNP tranquilos, porque de sólo pensar en los millones de dólares que se robaron durante ocho años del Profeta Pedro. Donde el Secretario de Educación, el tocayo Víctor, dormía con una almohada llena de dinero y no sé cuántos millones tenía guardados en la nevera GE de su residencia. Y las escuelas de Puerto Rico pasando serias necesidades, y en pésimas condiciones. ***Da tristeza recordar todas esas cosas horrendas que ha vivido mi Puerto Rico...***

Seguimos hablando de cómo ha sido la política en Puerto Rico, así que en donde están mis hermanos independentistas bajo el liderazgo del Partido Independentista Puertorriqueño, mejor conocido como el PIP. Estos son la minoría en la Isla del Encanto, los que se la pasan brincando como conejos entre el PPD y el PIP. Así también, con los años, muchos reconocidos políticos afiliados al Partido Socialista Puertorriqueño se han convertido en alcaldes de prominentes municipios del Partido Popular Democrático, muchos con largas trayectorias sin oposición.

Ciertos líderes del PIP han sido firmes en cierto modo a su visión, objetivo y causa. Donde ellos entienden que la Constitución del Estado Libre Asociado de Puerto Rico no añadió poderes reales a la isla y se mantiene subordinada a la Constitución de los Estados Unidos de América. La perspectiva es de perpetuar subordinación colonial de Puerto Rico a Estados Unidos para servir a sus intereses geopolíticos, estratégicos y militares. Ese aspecto del PIP es muy cierto y lo podemos apreciar en las movilizaciones militares y contingencia, viendo a miles de hermanos Boricuas salir a los campos de batallas desde la Primera Guerra Mundial.

La desigualdad de tener la responsabilidad y el mandato de servir en los campos de batalla, movilizaciones y/o cualquier contingencia, etc., pero no tenemos el derecho al voto presidencial como ciudadanos estadounidenses y carecemos de otros beneficios cuando los comparamos con el resto de los estados y sus territorios.

Los líderes del PIP, que solo sirven para hablar, hablar y más que hablar, han vendido el sueño a los hijos de Puerto Rico de cómo sería la isla bajo el status de una independencia y tener soberanía nacional. Pero estos llamados líderes nunca han desarrollado un plan de soberanía ni se lo han presentado al Congreso de los Estados Unidos.

Por otro lado, se la pasan viajando y visitando a sus aliados dictadores en Latinoamérica: Nicaragua, Cuba, Venezuela, Bolivia, entre otros, quienes viven del sueño de una revolución y nunca han logrado prosperidad e igualdad social para sus países. La única prosperidad que ha existido es en sus cuentas de bancos localizados en Suiza.

La verdad detrás de toda esta situación política en mi Puerto Rico es que llevamos desde el 1952 con el mismo estatus político y los líderes partidistas no saben explicar qué realmente somos. Algunos piensan que Puerto Rico es una colonia, otros dicen que somos un territorio o una mera posesión de los Estados Unidos, y otros dicen que somos un Estado o una República Asociada a la nación con o sin soberanía.

Es importante aclarar que cuando los Estados Unidos posee un territorio es porque a la larga le interesa que se convierta en un estado de la Unión. Pero ese no ha sido el caso de mí Puerto Rico, que fue poseída por los Estados Unidos en 1898 y aún continua siendo tierra extraña y de nadie. No somos Estados de la Unión, no somos una nación soberana, y tampoco un territorio incorporado, así que ¿quiénes somos en verdad?

¿Estaremos dispuestos a seguir siendo discriminados por 100 años más? O ¿nos darán la oportunidad de ingresar a la Unión o nos dejarán nacer como Nación soberana? La respuesta a esa pregunta debe de venir de los hijos de mí Puerto Rico, que algún día tomarán para bien y prosperidad de nuestra bella isla.

Y pienso que esa respuesta va a llegar muy pronto, para el bien de Puerto Rico.

Otro dolor que está enfrentando la comunidad Boricua es la alta incidencia criminal que sigue arropando todos los sectores de nuestra sociedad, sin que hasta el presente, se vea una luz de esperanza al final del túnel que nos permita disfrutar de un ambiente más seguro.

No tengo la menor duda que la falta de liderazgo en la policía de Puerto Rico empeora esa situación. Los superintendentes de la policía han demostrado no estar en control de la uniformada. La falta de conocimiento técnico y sus bajos presupuestos son los mayores factores de esta desgracia en la policía.

La corrupción en la uniformada de Puerto Rico ha llegado a los niveles más altos en su historia. Al punto donde agencias federales tales como el Negociado Federal de Investigación (FBI por sus siglas en inglés), han llevado a cabo arrestos a miembros de la policía por asesinatos, robo, lavado de dinero y vínculos con narcotraficantes.

Que tristeza ver al cuerpo de la Policía de Puerto Rico llegar a niveles tan bajos. La agencia gubernamental donde mi querido Padre sirvió por más de 30 años con integridad, lealtad y respeto hacia la ciudadanía. Recuerdo los días en que la Policía era la fuerza suprema del respeto, orden y dedicación. Una agencia con valores y principios y con el fin de servir con honor y orgullo como entidad y organismo gubernamental.

Nuevamente digo que la falta de liderazgo en la Policía, pobre supervisión y la influencia de Políticos corruptos en el proceso de recomendación y selección de nuevos miembros para ingresar a la Policía, ha dado estos resultados.

Quiero terminar el tema que ha traído tanto dolor a la sociedad Boricua que hasta hoy no se ve una luz de esperanza al final del de la alta incidencia criminal, que no nos permite disfrutar de un ambiente más seguro.

¿Qué pasa Boricua?

Pasa que en nuestra bella isla que todos los días asesinan a un hijo de Puerto Rico.

Pasa que nuestros jóvenes todo lo resuelven a tiro limpio.

Pasa que nuestras Iglesias sólo predican a medias y se olvidan de ir a las calles a salvar almas perdidas, pero sí tienen tiempo para revueltas políticas y colectar dinero.

Pasa que el gobierno no desarrolla programas efectivos para mantener a estos jóvenes ocupados y no hace nada efectivo para detener esta criminalidad que tanto nos afecta a todos.

Muchos piensan que al llegar la Estadidad o la Soberanía a la isla todos los problemas se resolverán y nacerá un nuevo Puerto Rico. En cierto modo, sí, nacerá un nuevo Puerto Rico, pero con todos los problemas sociales que han estado enfrentando a través de los años.

Sin importar el estatus político de Puerto Rico, ya sea la Colonia del Estado Libre Asociado, un Estado de la Unión, o una Nación Soberana, nosotros los Hijos de Puerto Rico tenemos la responsabilidad de resolver pronto los problemas sociales que nos afectan como pueblo.

Los políticos corruptos seguirán su plan estratégico de alimentar con sueños, ignorancia, miedos y mantengo para que no podamos crecer como pueblo y renacer una sociedad sana y limpia de crímenes, asesinatos y prosperidad para todos.

Hay que darle un vistazo al pasado y recordar las intenciones del prócer Don Luis Muñoz Marín que con mucho trabajo y dedicación junto a Don Carlos E. Chardón, desarrollaron el Plan Chardón, un plan maestro de innovación económica, social e industrial para la isla de Puerto Rico.

Es nuestra responsabilidad restablecer nuestro Terruño Borincano y nuestra bandera.

La Bandera Puertorriqueña que simboliza los patrios de la nación, está conformada por los colores blanco, rojo y azul cada uno con un significado en particulares. Es el símbolo de la nacionalidad y representación genuina de la patria puertorriqueña".

Puerto Rico del Futuro

El Puerto Rico del **FUTURO** debe comenzar ahora creando y diseñando el Puerto Rico del mañana con reformas en la política interna de la isla, desarrollo económico y reforma social adecuada a las capacidades y necesidades de nuestra isla, y para las generaciones futuras por venir.

Bajo la reforma política hay que rediseñar el senado y la cámara de tal modo que sean ramas funcionales y efectivas, creando y aprobando proyectos y leyes. La reducción y consolidación de municipios y la descentralización del Gobierno Estatal es esencial, dando así mayor autoridad y funciones a los nuevos municipios en áreas como seguridad, salud, educación, energía, entre otros.

Otro paso importante es la revisión de procesos y/o procedimientos en las Agencias del gobierno, de manera que eliminen pasos burocráticos y lentitud en sus funciones. Por ende, se debe realinear y/o reasignar al personal donde sea necesario. Cuántas veces tenemos una gestión en alguna agencia del gobierno de Puerto Rico y no lo hacemos por no estar todo un día sentados esperando, y en ocasiones hasta dos días. ***Mi gente, hay que cambiar esa cultura.***

Hay que explorar otros medios de energía y purificación de agua potable bajo el liderato y administración de los municipios. Convertir el sistema de educación universitaria en un servicio bilingüe y técnico para la creación de una industria universitaria en el Caribe, fomentar escuelas vocacionales y técnicas enlazadas con Programas de Pequeños Negocios para traer inversionistas locales o internacionales. ***Para qué tantos bachilleratos y maestrías que al final del dia no sirven para nada. Y también, ¿cómo pagar la deuda de préstamos estudiantiles sin aun tener un trabajo?***

Otro paso importante, convertir a Puerto Rico en el mayor productor de enfermeros bilingües graduados, dada la gran cantidad de colegios técnicos, para cubrir la demanda

actual en los Estados Unidos, Latinoamérica y en otros lugares del mundo, o traer esa
demanda de estudiantes extranjeros a Puerto
Rico para ser entrenados en colegios locales.
***Y sobre todo invertir en la infraestructura y
personal de las escuelas públicas de Puerto
Rico, para que los estudiantes tengan todas
las herramientas para triunfar en sus vidas.***

Y por ende, una reforma contributiva real,
que beneficie al puertorriqueño que trabaja,
y eliminar las ayudas del gobierno, excep-
to para los adultos mayores e incapacitados.
Revisar los programas municipales que han
traído cambios positivos a las comunidades
y expandir esos servicios a otros municipios.

Por ejemplo, mi bello pueblo de Cayey
ha sido pionero en iniciativas agrícolas, técnicas y domésticas que han integrado la comunidad. También ha creado un programa
de jóvenes empresariales, dándole la oportunidad de adquirir contractos de mejoras a
la infraestructura municipal. Por otro lado la
Guardia Nacional de Puerto Rico con el *You-*

th Challenge Program que ha traído cambios reales a jóvenes en Puerto Rico. *¡De eso es que se trata! De traer ideas innovadoras.*

Mi Puerto Rico necesita cambios reales que incluyan la enseñanza de valores y principios a nuestros niños y jóvenes. Que nuestra juventud sea parte del desarrollo positivo de nuestra isla y se provean foros de diálogo y exposición de sus ideas. Creo en un Puerto Rico de oportunidades para todos, sin importar color, raza y origen.

Mi Puerto Rico, **Tierra Extraña, Tierra de Nadie**, ¡ya es tiempo que dejes de ser extraña! Te lo pido por tus hijos que te necesitan y te aman. Ya es tiempo que le pertenezcas a tus hijos y a sus futuras generaciones de Puertorriqueños, que con tanto amor y cariño te anhelan. Y tú sabes de aquellos hijos tuyos que estamos lejos de ti, siempre te recordamos y te amamos. Más importante aún, mantenemos siempre nuestra bandera bien en alto. *Porque Puertorriqueño nací y Puertorriqueño moriré...*

76

Capítulo 4
Se expresan mis amigos

En la búsqueda y análisis de conocer más a fondo los problemas de nuestra isla de Puerto Rico, desarrollé un cuestionario donde lo utilicé como instrumento de investigación con el objetivo de adquirir información de nuestra gente, basado en preguntas formuladas para poder evaluar la dimensión del problema. Este proceso investigativo lo llevé a cabo sin dejarle saber a las partes que estaban contestando un formulario, para poder así adquirir una contestación natural. Los resultados de mis hermanos Boricuas y no-Boricuas fueron impresionantes.

La selección de las personas fue un proceso al azar, donde incluyo servidores públicos, tales como policías y maestros, empleados del gobierno y sector privado, jóvenes de varias edades y público en general.

Entre las personas de 35 años o más, un 98% opinaron que el gobierno central y sus agencias no son efectivos y que necesitan una reforma total. Un 100% de las personas quieren que traigan más trabajos y mejores salarios para la clase media laboral. Una percepción (98%) que la corrupción está en todas las agencias del gobierno, en especial en Departamento de Educación y la Policía. Y sobre todo, hay que trabajar con la juventud más que nada. Y un 55% de la gente opinó que la isla no hay quien la arregle.

La opinión entre los jóvenes 18-30 años de edad, un 99% opinaron que el gobierno central no ofrece buenos programas para los jóvenes de su edad. Una desmotivación 95% a los programas de educación pública ya que no motivan y no son innovadores. No hay igualdad entre la escuelas públicas y colegios privados ya que los mismos proveen mejores oportunidades y programa de enseñanza, tal como programas bilingües. Un 100% opinaron que las plantas físicas en las escuelas públicas no son completas y no proveen deportes, piscinas, canchas de tenis y otros, en comparación con las escuelas en Estados Unidos. Y un 100% opinó que debería haber más oportunidades y trabajos para los jóvenes. *Y finalmente un 100% opinó que a Puerto Rico le hace falta un cambio total.*

Las personas no-Boricuas se expresaron de una forma neutral por la falta de información y no estar al tanto de los problemas que enfrenta la isla de Puerto Rico. No obstante, un 100% opinó que la situación política de Puerto Rico es el principal obstáculo para el desarrollo de la isla, una corrupción gubernamental similar con el resto de los países en Latinoamérica.

No hay la menor duda que existe un sentir, un profundo dolor y una voz que colectivamente están mendigando por ayuda inmediata. Pero que los grandes intereses del gobierno norteamericano y la corrupción del gobierno de Puerto Rico, nos alejan cada día más de la solución a los problemas de nuestro humilde pueblo de Puerto Rico.

¡¡¡Ay bendito!!! Mi Puerto Rico, Tierra Extraña, Tierra de Nadie.

Mi buen amigo Boricua, compañero del ejercito de los EEUU y educador del sistema de Instrucción Pública de Puerto Rico, Dominick Pillot se expresó de una forma impresionante en relación a la Educación en Puerto Rico. Dominick considera que las manifestaciones más claras de *injusticia y desigualdad* en la Isla tienden a perpetuar la ignorancia, inequidad y falta permanente de un progreso para la mayoría de los puertorriqueños al día de hoy.

La Educación en Puerto Rico se ha estratificado desde el principio de los años 1970. Se puede apreciar como las familias de clase media empiezan a enviar a sus hijos e hijas a Colegios Privados de Enseñanza en los niveles elemental e intermedio. Esto se podría explicar por la emigración de cubanos de clase media y alta a la Isla y una mejora en la economía de los puertorriqueños luego de la Operación manos a la Obra de Luis Muñoz Marín.

La conciencia de clase que se desarrolló y que trajeron los emigrantes, la perisología a entidades privadas de Educación se facilita y la aparición de los residenciales públicos. Las familias de clase media deciden enviar a sus niños a Colegios Privados para evitar que estos socialicen con sus pares de estratos bajos por prejuicios y razones de percepción de seguridad.

Esto trae como consecuencia que la educación se segregue por clases socio-económicas y también por razas. Al tener mejores oportunidades de recibir educación de cali dad ya que los padres pagan y exigen mejor oferta académica.

Además, la politización de la Escuela Publica hace que los recursos económicos se dirijan a plazas no docentes resultando en un servicio cada vez menor al estudiante de escasos recursos.

El resultado es una Educación paralela que la mayoría de egresados de Colegios Privados obtienen las mejores plazas en las Universidades Públicas previniendo un acceso mayor a estudiantes de escuelas públicas ya que obtienen mejores promedios en los exámenes de admisión. Como resultado, los jóvenes de clase baja tuvieron menos acceso a Educación Publica y la Educación Privada se encareció por la demanda del mercado. Todo esto contribuyó a que cada año más jóvenes desistieran seguir estudios post-secundarios en profesiones de demanda y de mejor remuneración.

La consecuencia que vemos comenzando en los años del 1980 es el desempleo, emigración a EEUU o búsqueda de salidas económicas de índole ilegal (Trasiego de Drogas, Robos, etc.)

Puerto Rico necesita repensarse desde el punto de vista de cuales son las prioridades del Gobierno, la demografía actual y los retos económicos que enfrenta el país. Más de lo mismo en cuanto a los vaivenes políticos y los cambios de planificación especialmente en el área de la Educación perpetuarán el problema.

Así se expresó mi amigo Dominick.

84

Capítulo 5
Cómo quisiera que fuera Puerto Rico

En nuestro planeta Tierra, no existe un esquema perfecto que podamos utilizarlo para realinear las necesidades sociales, económicas y políticas, entre otros de nuestro Puerto Rico. Debemos de ser innovadores sociales para poder diseñar el futuro de nuestra isla. No podemos seguir utilizando los mismos patrones o modelos que hemos utilizado por los últimos 50 años y que no han sido efectivos.

Muchos piensan que con la llegada de la estadidad o la independencia se solucionan los problemas de nuestra isla, pero no es así. Hay que comenzar ahora, ya que lo que todos queremos es que Puerto Rico sea un mejor lugar para vivir y un lugar perfecto para criar la familia con valores y principios, la mejor plataforma de trabajo es enseñar valores y principios en cada uno de nuestros hogares puertorriqueños.

Hay que reconocer el hecho de que el mayor motivo de fracaso de los políticos puertorriqueños como líderes es por no tener una visión clara que vaya más allá de los intereses personales de sí mismos. Para que este milagro social suceda hay que lavarles las almas a los políticos corruptos de Puerto Rico, para que no sigan haciendo lo mismo cuatrienio tras cuatrienio, haciendo nada.

La visión y las mentes puertorriqueñas deben estar sincronizadas bajo un mismo objetivo enfocado a un movimiento de innovación social, económica y política para Puerto Rico sin preferencias partidistas. Es tiempo que mí Puerto Rico sea un lugar donde los niños puedan desarrollarse tranquilamente, llenos de vigor y salud para que sigan adelante con sus vidas sin problemas y sea un legado para futuras generaciones.

¿Cómo quisiera que fuera Puerto Rico?

Un lugar donde la base fundamental de la familia sean los valores, principios y respeto.

Un lugar donde podamos estudiar y conseguir un trabajo digno para poder mantener la familia.

Un lugar donde los seres humanos no tengamos diferencias, cada uno siendo humilde, ayudando a los demás.

Un lugar donde todos tengamos las mismas oportunidades, capacidades y derechos.

Un lugar donde todos seamos respetados por lo que somos y no por lo que tenemos.

Un lugar donde se respete la naturaleza y el ambiente ecológico.

Y sobre todo, un lugar donde esté Dios, en todos nuestros corazones.

Así quisiera que fuera Puerto Rico…

Proceso de Innovación para Puerto Rico

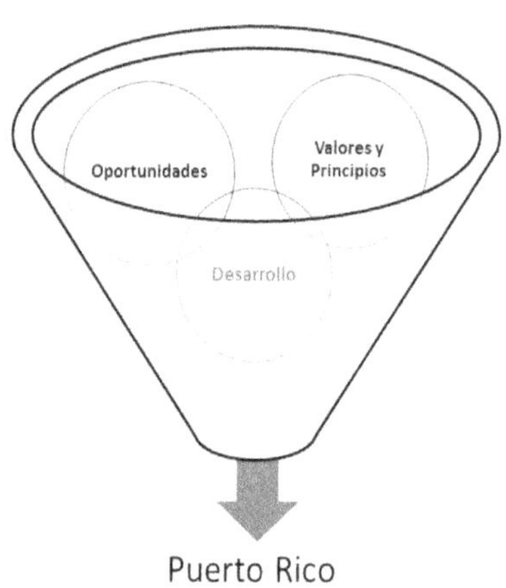

Capítulo 6
Esperanza de un pueblo

La esperanza es un estado de ánimo optimista basado en la expectativa de resultados favorables, relacionados a eventos o circunstancias de la propia vida o el mundo en su conjunto. Las definiciones de tener esperanza incluyen *esperar confiado* y *abrigar un deseo con anticipación.*

El Pueblo de Puerto Rico vive con la esperanza que algún día podamos recuperar la dignidad de pueblo y traer a Dios a nuestros hogares puertorriqueños. No perdamos la confianza, que nos sirve de estímulo y aporta la fuerza y tranquilidad en nuestras almas. Cuando la Fe y la Esperanza resulta difícil alcanzarlas, la vida se vuelve una ardua batalla contra los obstáculos.

Los jóvenes puertorriqueños son la energía universal del futuro de nuestra isla, el exitoso no nace, se nutre. Además de necesitar amor y apoyo de sus familias, necesitan también lugares saludables para jugar, buenos maestros, buenas escuelas y oportunidades después de graduarse de la escuela preparatoria o la universidad.

Es muy probable que el camino de un joven puertorriqueño hacia el crecimiento esté relacionado con la experimentación, a medida que ejerce su independencia y explora nuevos ambientes que en muchos casos lo están llevando por los caminos equivocados.

Pero no podemos detenernos ahora, debemos crear nuevos ambientes y tener fe en nuestros jóvenes. Si no lo hacemos, corremos el riesgo de perder una generación de jóvenes que pueden contribuir grandemente con nuestra sociedad. Hay que llegar a nuestros jóvenes donde estén y escuchar sus corazones y mentes.

Es crítico apoyar programas que estén dando resultado y asegurarnos que puedan expandirse a otras partes de nuestra nación. No podemos perder nuestra esperanza…

¡Tú, mi Borikén!, La Gran Tierra del Valiente y Noble Señor, que por años has sido tierra extraña y tierra de nadie. Tus hijos vivimos con la esperanza que algún día tus puertos volverán a ser ricos de valores, principios y respeto mutuo entre nosotros mismos.

"La esperanza nunca morirá, mientras haya vida".

Capítulo 7
Me despido y hasta luego

Ha sido más que un privilegio y honor haberte tenido por los pasados seis capítulos de este humilde libro que preparé sólo pensando en ti y en nuestra Madre Patria, Puerto Rico.

Mis hermanos, recuerden siempre que es responsabilidad de todos los hijos de Puerto Rico; La Gran Tierra del Valiente y Noble Señor, el mantener este nombre en alto como hicieron nuestros antepasados.

Hay que ser parte de la solución al problema que enfrenta nuestra isla en estos momentos de crisis. Las crisis son situaciones temporeras que debemos enfrentar para nuestro desarrollo y madures como pueblo.

Es responsabilidad de todos nosotros dejarle un Puerto Rico firme y estable a las futuras generaciones de puertorriqueños y que lo podemos lograr atreves de un proceso de innovación social, económico y político.

Tenemos que definir y determinar el futuro político de nuestra isla entre dos opciones que entiendo, son nación soberana o convertirla en el estado #51 de la nación norteamericana.

Existe la percepción que con el estatus actual, el gobierno norteamericano tiene la capacidad legal de ceder a Puerto Rico a cualquiera otra nación. Así como otorgarle la independencia o convertirlo en uno de sus estados, porque es un territorio bajo los poderes plenarios del Congreso.

A los políticos les pido honestidad y lealtad para nuestro pueblo de Puerto Rico. Le han fallado al pueblo de Puerto Rico como servidores públicos y, como líderes, no han sabido llevar las riendas de la prosperidad e igualdad social de nuestra isla; para colmo, ahora tienen la Junta de Control Fiscal

Federal. *Qué vergüenza para el pueblo de Puerto Rico.*

Mi Puerto Rico, seguiremos luchando esta crisis juntos hasta que logremos un nuevo Borinquén. Al final del día, no importa donde estemos cada uno de los 8.5 millones de tus hijos, siempre pensamos en ti, Mi Puerto Rico, "Tierra Extraña, Tierra de Nadie".

Y le pedimos a Dios, que no queremos morir alejados de ti, mi pedacito de patria.

Me despido y hasta luego

Colaboración

Quiero expresar mi más sincera gratitud y felicitar al Instituto de Cultura Puertorriqueña por tan valiosa información y datos históricos, los cuales me ayudaron a formar y fortalecer mis pensamientos e ideas. A mi hermana Vivian E. Meléndez por su dedicación a este proyecto y conocimientos en las artes, cultura e historia. Mi amigo Dominick Pillot, por tus aportaciones y conocimientos en la educación y servicios sociales. A Elizabeth Stephanie Vásquez por editar este manuscrito y excelentes ideas.

Biografía
Víctor A. Meléndez Torres

Nació en el Hospital Menonita del barrio La Plata de Aibonito, Puerto Rico en junio de 1961. Pasó su infancia y juventud en su querido pueblo de Cayey, Puerto Rico. Obtuvo su bachiller en Ciencias de Computadoras en la Universidad del Turabo y maestría en Gerencia de Tecnología en la Universidad de Phoenix. En 1983, ingresó a la Guardia Nacional de

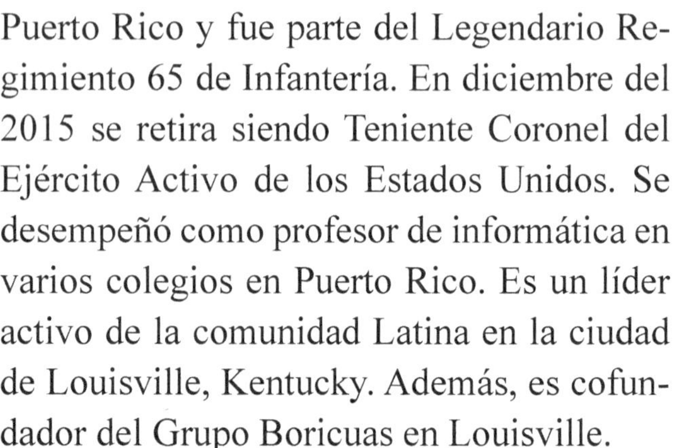

Puerto Rico y fue parte del Legendario Regimiento 65 de Infantería. En diciembre del 2015 se retira siendo Teniente Coronel del Ejército Activo de los Estados Unidos. Se desempeñó como profesor de informática en varios colegios en Puerto Rico. Es un líder activo de la comunidad Latina en la ciudad de Louisville, Kentucky. Además, es cofundador del Grupo Boricuas en Louisville.

También es amante de los caballos de Paso Fino y fundador de VM Paso Fino Group, LLC. Tiene gran admiración por los escritores René Marqués, Gabriel García Márquez y en especial de la presentadora motivacional Consuelo Castillo Kickbusch, escritora de *Journey to the Future*.

9 781946 035028